lo siento

MAMÁ

Alex Guerra

Derechos de Autor

Dedicatoria:

A mi amada madre,

En la sinfonía de mi vida, tu amor ha sido la melodía que ha guiado mis pasos. En cada nota de paciencia, en cada acorde de ternura, has tejido el tapiz cálido de mi existencia. A través de los días soleados y las noches oscuras, has sido mi faro, iluminando el camino con tu amor incondicional.

A ti, mi tigra valiente, que enfrentaste tormentas para protegerme, que transformaste lágrimas en sonrisas y desafíos en oportunidades. Cada sacrificio, cada gesto de amor, ha dejado una huella indeleble en mi corazón. Eres la arquitecta de mi fortaleza y el artífice de mi resiliencia.

A todas las madres,

En la vastedad del universo materno, cada madre es una constelación única, un faro de amor que guía a sus hijos a través de los mares de la vida. A cada madre que ha susurrado palabras de aliento, que ha secado lágrimas con ternura y ha tejido sueños con paciencia, les dedico estas líneas.

En nombre de todos los hijos de este mundo, ofrezco un humilde perdón. Por las veces que no comprendimos el peso de sus sacrificios, por las ocasiones en que nuestras acciones causaron lágrimas en sus ojos, pedimos perdón. Vuestra nobleza y amor merecen un reconocimiento eterno.

Que estas palabras sirvan como un tributo a la infinita bondad de cada madre y como un recordatorio de que, aunque a veces olvidemos expresar nuestro agradecimiento, vuestro amor es el faro que guía nuestro viaje.

Con gratitud eterna,

Alex Guerra

Prólogo: En el Corazón de una Madre

En el tejido de la existencia, la figura materna se erige como el hilo conductor que entrelaza nuestras vidas. Este libro es un homenaje, un viaje entre las páginas de las experiencias de una madre que ha navegado por los océanos tumultuosos de la crianza, enfrentando tormentas y abrazando la luz que ilumina cada rincón oscuro.

A través de las líneas de este relato, nos sumergimos en la historia única de una madre, una tigra valiente que, con cada paso, ha dejado huellas de amor y fortaleza. Desde los días soleados hasta las noches oscuras, ella ha sido el faro que guía a sus hijos, ofreciendo su amor incondicional como un regalo precioso.

Este libro no solo es un testimonio de las vicisitudes de la maternidad, sino también una exploración profunda de las complejidades de ser madre. Al adentrarnos en las experiencias íntimas de esta madre, nos enfrentamos a preguntas fundamentales sobre el propósito de sufrir por amor, sobre la resiliencia en medio de las tormentas y sobre la capacidad de perdonar y ser perdonado.

Cada capítulo revela capas de emociones y aprendizajes, invitándonos a reflexionar sobre nuestras propias relaciones maternas y a apreciar el regalo inestimable que es el amor de una madre. A través de estas páginas, buscamos encontrar la esencia de la maternidad y explorar las conexiones que perduran más allá de las circunstancias.

A medida que nos sumergimos en este relato, recordamos que cada madre es una heroína, una protagonista única en su historia. Al leer estas páginas, celebremos el amor incondicional, la valentía sin límites y la resiliencia que define el corazón de una madre.

Que este viaje nos inspire a honrar a nuestras madres, a comprender sus luchas y a abrazar la belleza intrínseca de ser amado por una madre.

María Eugenia Caraballo

Tabla de contenido

Introducción: Desentrañando el Vínculo Eterno

En el vasto tapiz de la existencia, hay un hilo precioso que se entrelaza con la más pura devoción, incontables sacrificios y una comprensión que va más allá de las palabras: el inquebrantable lazo entre madres e hijos. Este enlace, aunque a menudo sutil, es la columna vertebral de nuestras vidas, sosteniendo las complejidades y las maravillas de la experiencia de la maternidad y la paternidad. En esta odisea emocional, nos sumergimos en las aguas profundas de este vínculo, adoptando la perspectiva del hijo para desvelar los misterios y maravillas del corazón materno en todas sus formas.

Cada consejo susurrado, cada lección impartida y cada sacrificio hecho por una madre es un testimonio del amor inconmensurable que arde perpetuamente en su pecho. Al explorar esta conexión única, extendemos una invitación a los hijos para reflexionar sobre las capas más profundas del alma materna, descubriendo los tesoros que residen en sus enseñanzas y abrazando la sabiduría transmitida a lo largo de generaciones.

Este viaje es un tributo reverente a las madres, un reconocimiento de su inquebrantable fuerza, infinita paciencia y amor eterno. En estas páginas, nos embarcamos en una travesía para rendir homenaje y celebrar el corazón materno, esa fuente inagotable de apoyo, compasión y orientación que ilumina nuestro camino en cada paso de nuestra existencia.

En el viaje a través de las páginas de este libro, exploraremos las profundidades del amor maternal, una narrativa tejida entre lágrimas y sonrisas. Desde los sacrificios en las noches sin dormir hasta las lecciones de resiliencia, cada capítulo revela una ventana única hacia la experiencia de una madre y su eterno vínculo con sus hijos.

Desde el relato de las lágrimas de una madre que trasciende las tragedias, pasando por los límites del amor maternal y las lecciones de resiliencia aprendidas a través de los estragos de la vida, hasta la comprensión de la paciencia y el perdón que forjan un lazo inmutable. Este libro es un tributo a las madres guerreras y una reflexión sobre el papel de los hijos en este viaje, un viaje que nos lleva más allá del destino, descubriendo la esencia misma de la maternidad.

Con cada capítulo, exploraremos las complejidades del amor maternal y la travesía única de una madre, así como los aprendizajes y consejos que los hijos extraen de esa conexión eterna. A través de estas páginas, buscamos comprender, honrar y celebrar el corazón inagotable de las madres guerreras que han tejido sus vidas en un pacto de amor y vida, uniendo a sus hijos en un abrazo eterno de gratitud y aprecio. ¡Bienvenidos a un canto a la maternidad, donde las lágrimas y sonrisas danzan juntas en una melodía infinita de amor!

Capítulo 1: Más Allá de los Límites Maternales

¿Hasta dónde es el alcance o límite de una mamá? Tal vez, viniendo de un país latino, la conexión entre madres e hijos es más profunda, arraigada en la cultura que sostiene que las madres están con sus hijos hasta el final. ¿Pero será eso bueno o malo para el hijo? ¿Será necesario cambiar la cultura de maternidad para que cada hijo pueda asumir, en un mayor porcentaje, sus responsabilidades filiales?

Me sumerjo en estas reflexiones, mi mente se vuelve un torbellino de preguntas mientras intento comprender el papel de mi madre en mi vida y en la de mis hermanos. ¿Acaso mi mamá cruzó esos límites, o tal vez no puso un freno para que no abusáramos de ella? ¿Vino a vivir sus propias experiencias y nosotros no terminamos de entenderla del todo?

En el caso de mi mamá, me pregunto si su pasado o sus vidas anteriores influyeron en vivir una experiencia de tanto sufrimiento.

Aunque fui testigo de esos sufrimientos junto a mis hermanos, me cuidé celosamente de no ser la causa de sus lágrimas. Sin embargo, los últimos tiempos han traído consigo un cambio inesperado; ahora, ella sufre por mí. La rabia y la confusión se entrelazan en mi mente. No sé qué es más doloroso: lo que me está sucediendo o ver a mi madre sufrir por mí.

La observación constante de mi madre sufriendo por cada uno de mis hermanos, de una manera u otra, me lleva a cuestionarme si acaso mi alma anhelaba esa atención materna. La situación es extraña, y mientras escribo estas líneas, busco respuestas, consciente de que la verdad puede revelarse en cualquier momento.

Permíteme proporcionarte algunos contextos adicionales para comprender mejor mi historia familiar. Somos seis hermanos, y yo soy el menor de ellos. Provenimos de tres padres diferentes, y mi madre, con sus 84 años de vida, ve cómo solo dos de sus hijos, los dos menores, han sobrevivido. A lo largo de mi experiencia con mis hermanos y mi madre, fueron escasos los momentos en que expresaron felicidad hacia ella. Aunque quizás esos momentos existieron, yo amplifiqué más los momentos de lágrimas de mi madre.

La pregunta que persiste es: ¿qué sucedió con mis hermanos fallecidos que causaron tanto dolor a mi madre? ¿Por qué ella sufrió tanto con ellos, y por qué yo presencié todos esos momentos, pensando que debería aprender de esas experiencias?

¿Hasta dónde debe llegar la función de ser madre? ¿Hasta dónde debe involucrarse? ¿Puede haber fallas o extralimitaciones entre la madre e hijos? No estoy criticando; simplemente, deseo entender a mi mamá y a muchas madres que han estado para sus hijos con todos sus sacrificios, sin esperar nada a cambio, solo la tranquilidad de ellos.

Desde muy pequeño veía a mi mamá en la ventana de la sala, esperando a que llegaran mis hermanos. ¿Era justo para ella? Noches sin dormir porque un hermano no llega a casa, y ellos felices. Pero lo que no sabía yo es que mi mamá también se trasnochaba cuando yo salía a trabajar o estudiar. No era porque uno hiciera algo mal y otro hiciera algo bueno; era una preocupación constante por cada uno de nosotros.

¿Hasta dónde llega el límite de mi mamá, que deja de comer para darle comida a sus hijos, y todavía lo hace? Te puedo asegurar que muchas veces me sentí incómodo al ver que mi mamá hacía sacrificios por mis hermanos, mientras yo crecía, estudiaba, trabajaba y hacía todo para no verla sufrir.

Como hijos, ¿venimos a hacer sufrir o alegrar a nuestra madre? La vida es compleja, y seguramente hay muchas teorías que nos dicen que cada una de ellas tiene razón.

Pero hasta dónde llegan los límites de mi mamá, que no importa cuán enferma pueda estar en algún momento de su vida. Si uno de mis hermanos llega de la calle, en fiestas y caminos oscuros, ella se levantaba a servirle o atenderle. No entendía nada. ¿Era que me llenaba de rabia? ¿De injusticia? ¿O de inconsciencia? Pero madre es una sola.

La maternidad, entendida por muchos como un sacrificio incondicional, ha sido objeto de estudio y reflexión a lo largo de la historia. La psicoanalista y pediatra británica Donald Winnicott afirmó que "no existe algo así como un buen o mal comienzo, solo el comienzo". Esto nos invita a reflexionar sobre cómo las experiencias iniciales de la maternidad pueden moldear el vínculo madre-hijo y hasta dónde puede llegar el compromiso de una madre.

En palabras más sencillas, la maternidad no se mide por la perfección, sino por el amor inquebrantable y los esfuerzos que las madres están dispuestas a realizar por sus hijos. La comprensión de estos límites nos lleva a valorar el amor incondicional de nuestras madres, que trasciende cualquier medida convencional.

No había límites. Cuántas veces mi mamá abrió la puerta para que alguno de mis hermanos regresara a casa, sin importar lo que hubieran hecho. Cuántas lágrimas o preocupaciones les causaron a mi mamá,

siempre tenía espacio, comida y protección
para cada uno de ellos.

¿Será una debilidad de nuestra cultura? ¿Por
qué en las películas nos muestran que los
hijos deben resolver sus problemas y no
molestar a los padres? ¿O será que en casa de
mi madre solo se vivió eso?

Me preguntaba si acaso hizo falta que mi
mamá tuviera más coraje. En mi adolescencia
y juventud, interpretaba y juzgaba las
acciones que mi mamá debía tomar frente a
mis hermanos. Era como experimentar
sentimientos encontrados entre los
comportamientos de mis hermanos y mi
mamá, quizás por su falta de "rencor".

En definitiva, mi mamá, y no sé si la tuya, no
cumplía con reglas estándar. Podía estar
molesta e irritada por algunos de mis
hermanos debido a sus fallas, pero minutos
después, les estaba sirviendo un plato de
comida. Podría haberles dado varios
correazos por su mal comportamiento, pero

al poco tiempo, les llevaba una cobija para
que se arroparan.

No se trataba de debilidad, sino de una fuerza
diferente, una fuerza que se manifestaba en
la capacidad de perdonar y seguir amando,
incluso cuando la lógica dictaba lo contrario.
La cultura que nos rodea a veces nos dice que
las madres deben establecer límites e
imponer disciplina, pero mi mamá eligió un
camino diferente.

Reflexionando sobre estas acciones, recuerdo
las palabras del autor y psicólogo Bruno
Bettelheim: "La única cosa que los niños
realmente necesitan de sus padres,
especialmente de sus madres, es que los
amen". Mi madre, a su manera única, nos
demostró ese amor sin restricciones,
desafiando las convenciones sociales y
revelando una fortaleza que va más allá de lo
que la sociedad considera "normal".

Entender el alcance de la maternidad de mi
madre no solo me lleva a comprenderla
mejor, sino también a cuestionar y reevaluar

las nociones convencionales sobre el rol de una madre en la crianza de sus hijos. ¿Hasta dónde deberían llegar los límites de una madre? Quizás la respuesta resida en la capacidad de amar sin restricciones y de perdonar, incluso cuando el mundo sugiere lo contrario.

Algo sí tenía claro: una madre debe ser como una tigra, cuidando a sus hijos. Literalmente, la tigra lo hace, pero sus crías, al crecer, se desvinculan de la mamá. Mi mamá, nuestra tigra, sigue cuidando de sus hijos sin importar la edad que tengamos. La ventaja que tiene es su sexto sentido, ese instinto materno que le permite saber cuándo las cosas no van bien con alguno de sus hijos.

Quizás el cuidado ya no sea como el de antes, en lo físico, pero ahora se manifiesta en lo mental, en las palabras, en sus consejos. A medida que crecemos, sus abrazos pueden ser menos frecuentes, pero sus palabras de aliento y sabiduría se vuelven más presentes. Mi mamá, con su instinto de tigra, no solo cuida de nuestras necesidades básicas, sino que también se adentra en nuestros pensamientos y emociones, proporcionando apoyo y consuelo cuando más lo necesitamos.

El cuidado materno trasciende las etapas físicas de la vida. Ahora, es como si su amor se hubiera transformado en un faro, iluminando nuestro camino en la oscuridad de la vida adulta. Sus palabras, como garras protectoras, nos guían y nos recuerdan que, sin importar lo lejos que vayamos, siempre tendremos un refugio en su amor.

La maternidad, en este sentido, no se limita al acto de alimentar y proteger físicamente, sino que se expande para nutrir nuestras almas y mentes. Aunque ya no dependemos de ella para todo, su papel como nuestra tigra sigue siendo crucial. Nos enseña a ser fuertes, a enfrentar los desafíos de la vida con valentía y a mantenernos conectados con nuestras raíces familiares.

La Biblia aborda el papel de las madres en varios pasajes, destacando su importancia en la crianza y cuidado de los hijos. Aquí hay algunos versículos que reflejan la perspectiva bíblica sobre las madres:

Proverbios 31:26-27 (NVI):

"Abre la boca con sabiduría, y su lengua está llena de consejos amables. Ella vigila todo lo relacionado con su hogar y no come el pan de la ociosidad."

Este pasaje describe la sabiduría y la diligencia de una mujer virtuosa que cuida de su hogar y familia.

Proverbios 6:20-22 (NVI):

"Guarda, hijo mío, el mandamiento de tu padre y no abandones la enseñanza de tu madre. Pégalos siempre a tu corazón; llévalos atados a tu cuello."

Aquí se destaca la importancia de la enseñanza y orientación de la madre.

Efesios 6:1-3 (NVI):

"Hijos, obedezcan a sus padres en el Señor, porque esto es justo. Honra a tu padre y a tu madre, que es el primer mandamiento con promesa; para que te vaya bien y disfrutes de una larga vida en la tierra."

Este versículo destaca la importancia de honrar a los padres, incluyendo a la madre, y promete bendiciones para aquellos que lo hacen.

Proverbios 23:22 (NVI):

"Escucha a tu padre, a aquel que te dio la vida, y no desprecies a tu madre cuando envejezca."

Este versículo resalta el respeto y cuidado hacia la madre en su vejez.

Es importante señalar que la Biblia ofrece principios generales, y la interpretación específica puede variar entre diferentes tradiciones y creencias.

Así, mi mamá, con su instinto materno afilado como el de una tigra, demuestra que el cuidado y la protección son atemporales. Aunque nuestras garras pueden haber perdido su filo físico, el amor y el cuidado materno continúan siendo una fuerza poderosa que nos guía a lo largo de la vida, recordándonos que siempre tendremos a nuestra tigra a nuestro lado.

Así, en la danza intemporal de la maternidad, mi madre se revela como nuestra tigra, una guardiana feroz que, a pesar del paso del tiempo, nunca ha dejado de cuidar de sus crías. Su amor, como el rugido de una tigresa, resuena en nuestras vidas, recordándonos que la maternidad no tiene límites definidos, ni edad ni circunstancia.

En este capítulo de reflexiones sobre el amor maternal, he explorado los recovecos de la conexión entre mi madre y yo, entre ella y mis hermanos. ¿Hasta dónde llegan los límites de una madre? La respuesta parece flotar en la esencia misma de la maternidad: un lazo que va más allá de lo físico, alcanzando las dimensiones mentales y emocionales.

Desde el instante en que sus brazos nos acunaron hasta el presente, donde sus palabras son guías y sus abrazos son refugios, mi madre ha demostrado que ser madre es abrazar el rol de protectora, consejera y eterna confidente. Aunque no existan reglas estandarizadas para la maternidad, ella ha tejido un patrón único, dejando huellas indelebles en el corazón de sus hijos.

En los capítulos por venir, exploraremos más allá de las apariencias, descubriendo las múltiples facetas de la maternidad y cómo estas han moldeado la historia de nuestra familia. Mi madre, nuestra tigra, se alza como un faro que guía nuestras experiencias, recordándonos que el amor materno, con sus garras protectoras, es un vínculo eterno que trasciende el tiempo y el espacio.

CAPITULO 2 Sombras en el Amanecer

Tenía 11 años cuando desperté y noté la desesperación en el rostro de mi madre. No había dormido. Sospechaba algo. Mi hermano, llamado Rafael, no había regresado a casa para dormir. Aunque no era la primera vez que ocurría, esta vez mi madre presentía algo diferente. No había terminado la mañana cuando vinieron a buscar a mi madre. No entendía mucho por mi corta edad, pero sabía que no era nada bueno. No recuerdo más detalles. No recuerdo la expresión en el rostro de mi madre. No recuerdo lo que sucedió después. Pero sé que mi hermano Rafael fue asesinado. Puedo visualizar el luto que se apoderó de nuestra casa, un negro profundo que perduró por mucho tiempo. Mi hermano dejó un hijo de meses, y creo que todos nos aferramos a él para apartar el dolor. Especialmente yo, ya que era la primera vez que experimentaba tal pérdida debido a mi corta edad. Sin embargo, mi madre tuvo que enterrar a su hijo y seguir lidiando con los desafíos que presentaban sus otros hijos.

No recuerdo cuánto duró ese proceso de recuperación, pero sé que mi madre continuó, y yo notaba que la carga se volvía cada vez más pesada para ella. Ya no se trataba solo de las noches sin dormir, ni del mal comportamiento; ahora se sumaba el duelo. ¿Qué vendría después? ¿Será que ahora, finalmente, llegaría la felicidad?

Después de la pérdida de Rafael, los golpes a nuestra familia no cesaron. A los pocos años, otro hermano, Alberto, fue asesinado. Un nuevo golpe para mi madre, un sufrimiento que parecía no tener fin. ¿Qué estaba sucediendo en nuestra familia? ¿Era necesario que todas estas tragedias ocurrieran? ¿Qué tipo de aprendizaje podía emerger de tanto dolor?

La ley de la vida, que dicta que los hijos entierren a sus padres y no al revés, se vio trastornada en nuestro hogar. La rabia y la ira se instalaron en nuestra casa, mientras enfrentábamos la incomprensión de por qué tantos de nuestros seres queridos partían de esta manera.

En medio de todo esto, yo sentía una molestia creciente. Mi hermano hacía sufrir a mi madre, y cada lágrima que ella derramaba se convertía en una preocupación para mí. Observar su dolor se volvía insoportable, y cada vez más, mi determinación de ser el hijo perfecto se intensificaba.

Puse un empeño incansable en mis estudios, obteniendo mi título de bachiller y luego, mi título profesional. Hubo celebraciones en casa; mi madre sentía que sus sacrificios encontraban recompensa en mis logros.

Sin embargo, en paralelo, mi hermano José no estaba en el camino correcto. Se sumergía en oscuros senderos que causaban sufrimiento a mi madre. Aunque él buscaba enderezarse y mi madre lo apoyaba en todo para verlo recuperado, caía una y otra vez.

Mientras tanto, mi hermano Enrique sufrió un accidente. Fue arrollado y pasó más de tres meses en estado grave en el hospital. Parecía que mi madre había sido destinada a vivir experiencias únicas y, seguramente, lecciones de vida. "Hijo, yo hago varias novelas con mi vida", me dice siempre, sin saber que estoy escribiendo este libro. Ahora, no será solo una tigra, sino una heroína que enfrenta la trama intensa de su propia historia.

Así, entre las sombras que oscurecieron nuestros amaneceres, la tragedia se convirtió en un acompañante inesperado en nuestra vida familiar. La muerte, con su cruel imparcialidad, golpeó repetidamente nuestra puerta, llevándose consigo a seres queridos. En estos momentos de desesperación, la incomprensión se tejía con el dolor, y nos preguntábamos si existía un propósito detrás de tanto sufrimiento.

Quizás, como dijo el autor C.S. Lewis, "***Dios susurra para nosotros en nuestros placeres, nos habla en nuestra conciencia, pero grita en nuestros dolores***". La muerte, inevitable y a menudo implacable, nos lleva a enfrentar la esencia misma de la existencia y nos recuerda que, en última instancia, somos meros inquilinos temporales en este viaje llamado vida.

Mi madre, en medio de estas tormentas, emergió como un faro resistente, enfrentando la oscuridad con una fortaleza que solo puede provenir de haber enfrentado la peor de las pérdidas. La vida, a menudo inescrutable en su curso, nos enseña que la muerte es una parte intrínseca del viaje, una que debemos aceptar para apreciar plenamente la complejidad de la vida.

Así, cerramos este capítulo marcado por las sombras y las pérdidas, con la esperanza de que, en la oscuridad de la noche, siempre hay un amanecer esperando.

Capítulo 3: Cruz de Amor y Desesperación

"Todo llevamos una cruz", repetía mi madre, y esa cruz, en nuestra familia, se llamaba José. El camino de la oscuridad se convirtió en la morada principal de mi hermano mayor durante largos años, y con él, las lágrimas de mi madre fueron una compañía constante.

En los momentos más álgidos, mi hermano le reprochaba a mi madre la "falta de amor" y otras acusaciones dolorosas. Sin embargo, yo conocía la verdad: mi madre había sufrido inmensamente por él. A pesar de su mala conducta, de sus reproches y hasta de sus agresiones, mi madre seguía abriéndole la puerta para arroparlo en casa.

Mi madre me pedía una y otra vez que buscara a José, que le llevara comida. Sentía en ella la pesada carga de una cruz que llevaba por dentro. En esos momentos, la ira y la rabia se apoderaban de mí al ver el daño que le causaba a mi madre, pero ella, en su nobleza, me instaba a que la ayudara.

Con José, mi madre recorrió hospitales,
cárceles, centros de rehabilitación, puentes,
calles, y ella siempre estuvo allí, buscando
recuperarlo.

En la sombra de la cruz,

un amor eterno se cruza,

mi madre carga su pesar,

por un hijo que se perdió en el mar.

Entre lágrimas y sollozos,

su corazón, marcado por hondos pozos,

persiste en la búsqueda incansable,

de un hijo que el mundo vuelve intratable.

Cruza de amor y desesperación,

mi madre sigue la ruta de su redentor,

buscando entre sombras la luz,

en la esperanza de un amor que nunca se
traduzca en cruz.

La historia de José es un capítulo lleno de dolor, pero también de la resistencia infinita del amor materno. Mi madre, con su cruz, nos enseñó que, a pesar de las tormentas más oscuras, el amor puede ser la luz que guía el camino hacia la redención.

Muchos definen la maternidad como el momento en que ven nacer a sus hijos o los crían. En la vivencia con mi hermano José, mi madre se enfrentó a una dimensión heroica de la maternidad, una que va más allá de los momentos de alegría y crianza convencionales. José acaparaba toda la atención de mi madre, eclipsando cualquier cosa que yo pudiera hacer. No era envidia, sino compasión. Comprendía que el verdadero papel de madre iba más allá de los éxitos evidentes, y ella persistía en su búsqueda incansable de estabilidad para él.

En la sinfonía de la maternidad,

mi madre ejecutaba con tenacidad,

la partitura de amor y desvelo,

por un hijo atrapado en un oscuro anhelo.

José, víctima del 2022, sucumbió al COVID a los 58 años. Pero sus últimos cinco años de vida fueron testigos de una reconciliación con mi madre. Logró recuperarse, mantenerse activo laboralmente y mejorar su relación con ella. Incluso se convirtió en mi consejero espiritual, mostrando que, a pesar de las sombras más densas, la redención y el amor pueden iluminar el camino.

Bajo la sombra de la cruz,

se tejió un lazo de redentor luz,

la maternidad, cual obra maestra,

abrazó la redención con fuerza diestra.

Así, mi madre, en su papel de redentora, enseñó que la maternidad es un viaje complejo y a menudo desafiante. Pero incluso en la desesperación, el amor persistente puede tejer la redención y devolver la luz a los corazones oscurecidos.

Mi madre me confesó dentro de su dolor por la muerte de mi hermano mayor, "hace años una vidente me dijo que presenciaría la muerte de todos sus hijos". Esta revelación me dejó reflexivo, no necesariamente preocupado, pero sí angustiado. ¿Cómo podría mi madre soportar tal carga?

En la profecía de una vidente,

mi madre lleva una carga consistente.

El anuncio del destino tejido con hilo,

presenciar la muerte de sus hijos en el exilio.

¿Cómo soporta mi madre tal peso?

¿Cómo abraza el dolor con tanto exceso?

En la danza de la vida, la fatalidad es su paso,

una madre fuerte, pero ¿cómo soporta tanto fracaso?

Capítulo 4: Desenlace de Sacrificios y Revelaciones

En este capítulo, quiero hablar de mis actos, de mi posición como el menor de mis hermanos y cómo, quizás influenciado por la perfección que buscaba mi madre, procuré ser impecable. Mi intención siempre fue llevar alegría a casa, mejorar en cada aspecto de mi vida gracias a las enseñanzas y la crianza de mi madre.

Me gradué, crecí profesional y laboralmente, emprendí, me casé y tuve hijos. Aunque experimenté altibajos, muy raramente compartía con mi madre las tristezas, sintiendo que debía ser una luz en este camino como madre.

Había presenciado mucho sacrificio y tristeza por parte de mi madre, y sentía que debía ser una fuente constante de alegría. Mi madre se sentía orgullosa de mí, incluso de las ayudas económicas que le brindaba, distribuyéndolas a la familia en mi nombre.

Todo parecía perfecto. Pensé que había logrado cambiar la página de la tristeza para mi madre y llenar su vida de felicidad con mis acciones. Incluso actué como el hermano mayor durante mucho tiempo, un error garrafal que corregí al hablar con mi hermano José y entregarle su papel. Creo que este gesto fue uno de los ingredientes clave para mantenerlo estable y recuperado en sus últimos cinco años.

Todo iba en crecimiento de mi parte, complaciendo cada vez más a mi madre. Viajábamos juntos, cuidaba de su dieta, su salud, su hogar; todo estaba en orden.

Sin embargo, un diciembre, toqué a su puerta con mis maletas. Aunque le pedí que no me preguntara, ella se levantó de inmediato, activándose para atenderme y esperar que yo decidiera contarle. La historia continúa, y en este desenlace, las revelaciones marcarán el rumbo de nuestra relación.

Había decidido separarme de mi esposa, y junto con ello, varios negocios de mis emprendimientos cerraron en números rojos. Todo esto desencadenó en mí una depresión abrumadora que no podía controlar. La apatía se apoderaba de mis días, acompañada de tristezas que parecían no tener fin. Los logros construidos se desmoronaban, y la solidez que creía tener se desvanecía, originando desaciertos legales y caos financiero.

Pasaron los días y me encontré inmerso en una vorágine emocional y económica. Había perdido el norte, todos mis activos desaparecieron en pocos meses, y me sumí en pensamientos oscuros que rozaban la idea del suicidio. Mi madre, a sus 80 años, fue quien estuvo a mi lado en esos momentos críticos.

Fue un año de pérdidas y desafíos, pero también fue el año en que mi madre demostró ser mi roca. Juntos tuvimos que dejar el país en busca de estabilidad emocional, y mi madre, a pesar de su avanzada edad, fue la que me acompañó. Luchó incansablemente a mi lado, defendiéndome en todos los frentes. Oró y rezó, secó mis lágrimas, me brindó consejos, me levantó, me arropó, me cuidó, me alimentó y me protegió. Fue la única que no me juzgó.

En la tormenta de la vida,

mi madre fue mi guarida.

A sus 80 años, luchó con brío,

por su hijo en desvarío.

Elevó plegarias al viento,

reconstruyendo su lamento.

Con fuerza de leona, mi madre lidió,

contra el caos donde me perdí.

En esos días oscuros, mi madre no solo me dio fuerzas para seguir adelante, sino que también demostró que la maternidad va más allá de los triunfos y alegrías; es un lazo inquebrantable que sostiene en las tormentas más intensas.

Así transcurrieron 365 días de recuperación emocional, y mi madre nunca mostró quebranto. Aunque sufría en silencio, su experiencia como madre, forjada con mis hermanos, la guió a llevarme de la mano durante este año de tormenta.

Renací, y ella, una vez más, me dio vida.

A lo largo de este proceso y especialmente al escribir estas líneas, entiendo a mi madre en un nivel más profundo. Ahora comprendo los sacrificios que hizo por mis hermanos y por mí. Abandonó su hogar, su comodidad, su estabilidad emocional e incluso su zona de confort. Despertó la tigra que lleva dentro para proteger a su hijo menor.

Este libro es mi desahogo. Durante esos 365 días, mientras mi madre presenciaba todo lo que vivía, siento pena y vergüenza. Me doy cuenta de que, a pesar de todas las críticas que hice a mis hermanos, ahora resulta que ella está sufriendo por mí.

Me pregunto, ¿lo atraje? Durante mucho tiempo hui de eso, pero ahora enfrento la magnitud de lo que ha sucedido.

En mi proceso de recuperación emocional, donde mi madre fue una pieza clave, también tuve que liberarme de la culpa que pesaba sobre mí. En un principio, me sentía aún peor al ver a mi madre ayudándome tanto emocional como económicamente. No aceptaba la situación, y ese remolino de emociones me mantenía atrapado.

Sin embargo, encontré algo positivo en toda esta situación: el renacimiento de mi madre. Su naturaleza de madre tigra resurgió, a pesar de sus dolores físicos debido a su avanzada edad. No podía permitirse fallarme como madre, no porque yo lo exigiera, sino porque ser madre es un desafío constante.

Entre su duelo, mi madre me decía que no me preocupara por ella, que no le pasaría nada, insinuando que ya había pasado por suficientes dolores con mis hermanos. Todo lo

que había vivido la había preparado para
estar en este momento, apoyándome a mí.

Aunque no quería ver a mi madre sufriendo,
en mi egoísmo por mi situación actual, era
más fácil pensar en dejar de existir y salir de
ese sufrimiento. Sin embargo, siempre
regresaba a mi mente la revelación de mi
madre cuando murió mi hermano José, y la
vidente le dijo que presenciaría la muerte de
todos sus hijos. No era miedo a la muerte,
pero sí comprensión de que más sufrimiento
para mi madre por sus hijos no tiene perdón.

Estas líneas rompen ese hechizo. Mi madre
merece visualizar su vejez como una etapa
feliz y tranquila.

"Madre e hijo renacen,

en la tormenta, se abrazan.

La carga de culpa se desvanece,

liberando al alma que abraza.

Mi madre, la tigra renacida,

en su esplendor, la vida compartida.

La vejez se tiñe de felicidad,

en la nueva etapa de su caminar."

Este capítulo concluye con un mensaje de esperanza y renacimiento para madre e hijo. La sanación de ambos es esencial para un nuevo comienzo y una etapa más feliz en sus vidas.

La Dra. Elena Martínez, psicóloga y autora de "Sanar desde el Corazón", comenta: "El proceso de recuperación emocional es un viaje desafiante que requiere comprensión y empatía. La conexión madre-hijo es única y poderosa, y la capacidad de apoyo mutuo en momentos difíciles es evidente en esta narrativa. Reconocer la necesidad de sanar y liberarse de la culpa es un paso crucial hacia la renovación y la fortaleza emocional. Este relato ilustra el poder transformador del amor y la resiliencia familiar".

Capítulo 5: El Perdón: Sanando Heridas, Construyendo Puentes.

En este capítulo, exploraremos la profunda necesidad de nosotros, como hijos, de pedir perdón a nuestras madres. Reflexionaremos sobre la carga emocional que conlleva la maternidad y cómo el perdón puede ser el antídoto para sanar las heridas y construir puentes entre madres e hijos.

La Dra. Carmen Sánchez, psicoterapeuta y autora de "Cicatrices de Amor", expresa: "El perdón es un acto liberador tanto para el que perdona como para el que es perdonado. En el contexto de las relaciones madre-hijo, reconocer las heridas y buscar la reconciliación es fundamental para el bienestar emocional de ambas partes. Este capítulo explorará la capacidad transformadora del perdón y cómo puede ser una herramienta poderosa en el camino hacia la sanación y la comprensión mutua".

En esta exploración del perdón, reconocemos la necesidad de pedir perdón a nuestros hermanos por juzgarlos. Comprendemos que cada uno de nosotros viene a vivir una experiencia única, y juzgar solo agrega peso a la carga emocional que nuestras madres llevan.

Prometemos levantarnos y ser más grandes en honor a ellas, pero la terquedad nos lleva a cuestionamientos profundos. ¿Todas las madres vinieron a sufrir por sus hijos? ¿Existe un manual para ser madre ejemplar? La respuesta se encuentra en el alma única de cada madre, que viene a vivir su propia historia.

Compararnos con otras familias es un error, ya que cada una tiene su propia travesía. Aunque pueda parecer sarcástico hablar de perfección cuando nuestra madre ha perdido cuatro hijos y los dos últimos seguimos haciéndola sufrir, la realidad es que ella ha sido preparada para enfrentar estos momentos.

Mi madre, con sus vivencias y pérdidas, se ha graduado como madre con especializaciones únicas con cada uno de sus hijos. Aunque suene sarcástico y doloroso, su experiencia con la muerte de sus hijos la ha fortalecido para enfrentar las dificultades que la vida le presenta ahora, especialmente conmigo.

Así, concluimos que mi madre se ha graduado como Doctora Madre, con títulos especializados obtenidos a lo largo de las distintas experiencias vividas con cada uno de nosotros. Esto resalta su fortaleza, sabiduría y la capacidad de enfrentar las adversidades con firmeza y amor.

La Dra. Laura Martínez, psicóloga y autora de "La Maternidad como Sendero de Crecimiento Personal", comenta: "El perdón es un acto de amor propio y hacia los demás. La capacidad de nuestras madres para enfrentar y superar las adversidades es admirable. A través del perdón, se abre la puerta a la sanación y al crecimiento personal, permitiendo a madres e hijos avanzar juntos en el camino de la vida".

Al reflexionar sobre mi infancia y adolescencia, surge la interrogante de cómo hubiera sido mi desarrollo personal si no hubiera presenciado el sufrimiento de mi madre con mis hermanos. ¿Sería una mejor persona o simplemente añadiría más tormento a la carga emocional de mi madre?

Aunque estas preguntas asaltan mi mente mientras escribo estas líneas, comprendo que todo ha sido perfecto en su propia manera. No hay arrepentimientos por lo que vi y sentí. Si bien presencié el sufrimiento de mi madre con mis hermanos, también fui capaz de brindarle momentos de alegría, sonrisas a través de mis logros.

Cada experiencia ha contribuido a mi desarrollo, formando la persona que soy hoy. No cambiaría nada de mi pasado, ya que cada lágrima y cada sonrisa compartida con mi madre ha moldeado mi perspectiva y mi aprecio por la vida.

En este punto, quiero dejar un mensaje de reflexión para todos los hijos: Aprecien cada momento con sus madres, reconozcan sus sacrificios y valoren la fortaleza que han demostrado. La relación con nuestras madres es única y preciosa, y cada experiencia compartida contribuye a nuestro crecimiento personal. En el abrazo de una madre, encontramos un amor incondicional que nos guía en nuestro viaje por la vida.

La Dra. Elena Ramírez, experta en desarrollo humano y relaciones familiares, destaca: "La influencia de la experiencia materna en el desarrollo personal de los hijos es innegable. Cada momento compartido, ya sea de alegría o de sufrimiento, contribuye a la formación de la identidad y a la construcción de vínculos familiares sólidos. Aprecien y celebren la singularidad de cada madre e hijo, pues es en esta relación donde se tejen los hilos más fuertes de la vida".

Capítulo 6: Explorando el Pacto de Alma de Mi Madre: Una Teoría Personal

Al sumergirme en los numerosos capítulos de sufrimiento de mi madre, comienzo a desarrollar una teoría que podría aplicarse a muchas madres que experimentan dificultades con sus hijos. Considero que mi madre, como un ser espiritual, pudo haber venido a esta vida con la intención de vivir la experiencia única de ser madre y proteger a sus hijos, incluso si eso implicaba sufrimiento.

Es difícil de explicar con lógica convencional, pero creo que, en su nivel más profundo, ser madre implica proteger y autoproteger, y mi madre aprendió a demostrar su maternidad a través del sufrimiento. Aunque conscientemente no quiera sufrir, su alma pudo haber llegado a esta vida con el propósito de vivir esa experiencia específica. Esta teoría también podría extenderse a sus generaciones anteriores, sugiriendo la posibilidad de un pacto de almas entre ellas.

Interpretación del Pacto de Alma:

En esta perspectiva, mi madre podría haber
hecho un pacto de alma antes de encarnar,
comprometiéndose a vivir la experiencia de
ser madre de una manera única, que incluía
desafíos y sufrimientos. Cada momento de su
vida, por difícil que haya sido, podría ser parte
de este pacto, una oportunidad para que su
alma cumpla su propósito y evolucione
espiritualmente.

Ampliando Conceptos:

Explorar estos conceptos no busca encontrar
respuestas definitivas, sino más bien abrir el
espacio para la interpretación y la reflexión.
La vida y la espiritualidad son vastas y
complejas, y estas ideas buscan ampliar
nuestra comprensión de las experiencias
humanas y espirituales.

La Dra. Elena Ramírez comenta: "La idea del
pacto de almas es fascinante y refleja la
riqueza y complejidad de la espiritualidad

humana. Aunque estas teorías no se pueden probar científicamente, proporcionan un marco para entender la vida desde una perspectiva más amplia. Cada experiencia, incluso las más difíciles, puede ser vista como una oportunidad para el crecimiento espiritual y la realización del alma".

Reflexionando sobre el Destino Materno: Más Allá del Sufrimiento

Exploro la idea de si el destino de mi madre está predeterminado a seguir viviendo experiencias que consideramos sufrimientos por sus hijos. Este interrogante se amplía a tantas madres que han enfrentado situaciones similares o incluso más desafiantes. Pregunto si la vida es una programación y si el destino puede cambiarse cuando se cree que es posible hacerlo.

Independientemente de las razones, causas o destinos, queda claro que nuestras madres han desempeñado un papel de amor monumental. Sus sacrificios, casi incomprensibles desde una perspectiva lógica, nos generan sentimientos de compasión, tristeza y también orgullo por tener madres guerreras.

Creando Nuevos Destinos:

Si bien podemos reflexionar sobre el destino, también es crucial destacar que la vida nos otorga la capacidad de cambiar nuestro rumbo. Como hijos, podemos ser agentes de cambio en la vida de nuestras madres y en nuestras propias vidas. La programación inicial puede ser desafiada y reescrita, creando nuevos destinos llenos de amor, comprensión y gratitud.

Fábula: La Madre Tigresa y sus Cachorros

Había una vez en la vasta jungla un linaje de tigres, donde se destacaba una madre tigresa. Su pelaje atigrado mostraba las cicatrices de las batallas que había enfrentado, pero su mirada reflejaba la sabiduría adquirida a lo largo de los años. Esta madre, a pesar de haber atravesado tormentas y desafíos, era conocida por su valentía y amor inquebrantable hacia sus cachorros.

Un día, la madre tigresa se encontró ante un desafío particularmente difícil. La jungla, llena de incertidumbres y cambios constantes, presentó una serie de pruebas que amenazaban con desviar el destino de sus queridos cachorros. Sin embargo, la madre tigresa, como una fuerza indomable de la naturaleza, decidió guiar a sus cachorros hacia la luz, incluso cuando la oscuridad acechaba.

Cada cachorro representaba un capítulo distinto en la vida de la madre tigresa. Algunos eran más temerarios, otros más cautelosos, pero todos llevaban consigo una chispa única de la esencia de su madre. A medida que crecían, la madre tigresa les enseñaba la importancia de la valentía, la paciencia y, sobre todo, el amor incondicional.

A lo largo de la fábula, los cachorros enfrentaron desafíos propios. Algunos se extraviaron momentáneamente en la densa selva, pero la madre tigresa siempre estaba allí para guiarlos de regreso con su sabia orientación. Otros se enfrentaron a criaturas temibles, simbolizando los miedos internos que cada uno debía superar.

La madre tigresa no solo les enseñó a cazar y sobrevivir en la jungla, sino también a forjar sus propios caminos. Enseñó a sus cachorros que cada experiencia, ya sea buena o mala, contribuiría a la construcción de su carácter y que el destino estaba en sus propias patas.

A medida que los cachorros crecían y se convertían en tigres fuertes y resistentes, la madre tigresa observaba con orgullo. Había superado sus propios sufrimientos y, a través de su amor inquebrantable, había guiado a sus cachorros hacia un destino lleno de esperanza y promesa.

La fábula de la madre tigresa y sus cachorros nos recuerda que, incluso en medio de las tormentas, el amor y la determinación pueden cambiar el curso de cualquier viaje. Que cada hijo, al enfrentar sus propios desafíos, encuentre inspiración en la valentía de su madre y siga adelante con la convicción de que el destino puede ser moldeado por el amor y la resiliencia.

Capítulo 7: Consejos

Consejos de una Madre a su Hijo: Lecciones de Vida para la Eternidad

1.- "Cultiva la paciencia, porque el tiempo es el mejor aliado para tus sueños y metas. Todo tiene su momento, y aprender a esperar te hará más fuerte y sabio."

La paciencia es una virtud que te permitirá enfrentar las adversidades con calma y serenidad. A veces, las mejores cosas llegan cuando menos las esperas.

2.- "Sé valiente, pero también sé humilde. La verdadera fortaleza radica en reconocer tus debilidades y aprender de cada caída para levantarte con más determinación."

La humildad no implica debilidad, al contrario, muestra madurez y apertura para aprender. La valentía acompañada de humildad te convertirá en una persona resiliente y compasiva.

3.- "La gratitud es un regalo que te haces a ti mismo. Aprende a apreciar las pequeñas cosas y agradecer por las lecciones que la vida te ofrece, incluso en los momentos difíciles."

La gratitud transforma la perspectiva. Aprender a reconocer y agradecer por lo que tienes, te llenará de positivismo y te ayudará a superar los desafíos con gratitud en el corazón.

4.-"Cuida tus palabras, porque tienen el poder de construir o destruir. Sé siempre honesto, pero con bondad, porque las palabras amables dejan huellas imborrables."

 La comunicación es clave en las relaciones. Aprender a expresar tus pensamientos con empatía y respeto fortalecerá tus conexiones y construirá puentes en lugar de muros.

5.-"Invierte en conocimiento, porque nadie puede quitarte lo que has aprendido. La educación es la llave que abrirá puertas y te empoderará a lo largo de la vida."

La búsqueda constante de conocimiento ampliará tu perspectiva y te brindará herramientas para enfrentar los desafíos. La educación es un tesoro que nadie puede arrebatarte.

6.- "Cultiva amistades verdaderas. La calidad es más importante que la cantidad. Aquellos que caminan contigo en las buenas y en las malas son tesoros invaluables."

Las amistades genuinas nutren el alma. Al rodearte de personas que te apoyan, te inspiran y te desafían positivamente, construyes una red de apoyo sólida y duradera.

7.-"El respeto es un puente que conecta corazones. Trata a los demás con respeto, independientemente de su posición o circunstancias. Ganarás más de lo que puedas imaginar."

El respeto es la base de relaciones saludables.
Tratar a los demás con dignidad y cortesía
crea un entorno en el que todos pueden
crecer y prosperar.

8.-"Aprende a perdonar, no solo por los
demás, sino por ti mismo. El perdón libera tu
corazón de cargas innecesarias y te permite
avanzar con ligereza."

El perdón es un acto de autoliberación. Dejar
ir el resentimiento y aprender a perdonar te
brinda la paz interior que necesitas para
construir un futuro más pleno.

9.-"Cuida tu salud física y mental. El cuerpo y
la mente son tus aliados más preciados.
Practica el equilibrio y la autocompasión para
una vida plena y armoniosa."

La salud es riqueza. Cultivar hábitos
saludables, tanto físicos como mentales, te
proporcionará la energía y la claridad
necesarias para enfrentar cualquier desafío.

10.- "Ama profundamente, pero recuerda amarte a ti mismo también. El amor propio es el cimiento sobre el cual se construyen todas las demás formas de amor."

El amor propio es esencial. Aprender a amarte, respetarte y cuidarte te permite compartir un amor más auténtico y pleno con los demás. El equilibrio entre dar y recibir comienza contigo mismo.

10 Consejos para los hijos del mundo:

Ahora proporcionaré 10 consejos de los hijos a sus madres, centrados en ayudar a los hijos a entender y apreciar a sus madres:

1.- "Agradece su amor incondicional. Aunque a veces no entendamos todas tus decisiones, valoramos el amor constante que nos brindas, sin importar las circunstancias."

Reconocemos que tu amor es incondicional y apreciamos la estabilidad emocional que proporciona en nuestras vidas.

2.- "Comprende que su protección viene del corazón. Aunque a veces pueda parecer excesiva, sabemos que es un reflejo de tu deseo de cuidarnos y mantenernos seguros."

Entendemos que tu instinto protector es una manifestación de tu amor y nos sentimos agradecidos por ello.

3.- "Valora sus enseñanzas. Cada consejo que nos das proviene de tu sabiduría y experiencia. Apreciamos tus intentos de guiarnos en la vida."

Nos damos cuenta de que tus enseñanzas son valiosas, y estamos dispuestos a aprender de tus experiencias.

4.- "Acepta su deseo de ser tu apoyo. Aunque a veces queramos enfrentar el mundo solos, comprendemos que tu deseo de ayudarnos proviene del amor más profundo."

Reconocemos tu deseo genuino de ser nuestro apoyo y estamos dispuestos a aceptar la ayuda que ofreces.

5.- "Demuestra gratitud por sus sacrificios. Sabemos que has renunciado a mucho por nosotros y queremos que sepas cuánto valoramos esos sacrificios."

Nos damos cuenta de que cada sacrificio que has hecho ha sido por nuestro bienestar, y te agradecemos por ello.

6.- "Escucha sus historias. Aunque puedan parecer lejanas o irrelevantes, tus experiencias de vida son valiosas para nosotros. Queremos conocer más sobre ti."

Estamos dispuestos a escuchar y aprender de tus historias, ya que sabemos que contienen lecciones valiosas.

7.- "Comprende su necesidad de cuidar. Aunque podamos sentirnos independientes, entendemos que tu cuidado proviene de un lugar de amor y preocupación."

Valoramos tu cuidado y estamos dispuestos a comprender que viene de tu deseo de asegurarte de que estemos bien.

8.- "Celebra sus logros. Apreciamos todo lo que has logrado en la vida y queremos celebrar tus éxitos tanto como celebramos los nuestros."

Queremos compartir contigo la alegría de tus éxitos y celebrar cada logro que has alcanzado.

9.- "Agradece su presencia constante. Entendemos que siempre has estado ahí para nosotros, y queremos que sepas cuánto valoramos tu presencia en nuestras vidas."

Valoramos cada momento que has pasado con nosotros y apreciamos tu presencia constante.

10.- "Demuestra amor y respeto. Queremos que sepas cuánto te amamos y respetamos. Tu papel como madre es fundamental para nosotros y lo celebramos cada día."

Queremos expresar nuestro amor y respeto por ti, reconociendo el papel fundamental que desempeñas en nuestras vidas.

Conclusión: El Legado de una Madre, el Amor Eterno

Al llegar al final de este relato, nos sumergimos en las profundidades del amor materno, una fuerza que trasciende el tiempo y el espacio. A través de las páginas de esta historia, hemos viajado junto a una madre, una tigra que ha dejado su huella indeleble en la arena de la vida.

En este trayecto, hemos presenciado el sacrificio, la resiliencia y el amor incondicional que caracterizan a cada madre. Nos hemos sumergido en las lágrimas que caen en la oscuridad de la noche y hemos celebrado las sonrisas que iluminan los días soleados. Hemos sido testigos de la tenacidad de una madre para proteger, guiar y amar, incluso cuando la tormenta amenaza con desvanecer la luz.

Esta historia no solo es un reflejo de una madre singular, sino también un espejo que nos invita a contemplar nuestras propias conexiones maternas. En cada palabra escrita, descubrimos que el amor de una madre es un regalo divino que trasciende los límites humanos. Es un recordatorio de que la maternidad es un viaje de autodescubrimiento, de crecimiento y de comprensión del verdadero significado del amor.

A través de la narrativa de esta madre, hemos aprendido que el sufrimiento puede ser transformado en sabiduría, que el perdón es la llave que libera el alma y que, al final, el amor perdura como un faro que guía a través de las aguas tumultuosas de la vida.

Que estas páginas no solo sean un relato, sino también un eco que resuene en nuestros propios corazones. Que inspiren gratitud hacia nuestras madres, hacia esas tigras valientes que han tejido historias de amor y sacrificio en cada fibra de nuestras vidas.

En el cierre de esta narrativa, llevamos con nosotros el legado de una madre, el amor eterno que nos envuelve como un abrazo cálido. Que esta conclusión sea el punto de partida para una reflexión continua sobre el valor, la belleza y la profundidad del vínculo entre una madre y su hijo.

Alex Guerra